P9-APQ-612

ENCUENTRO

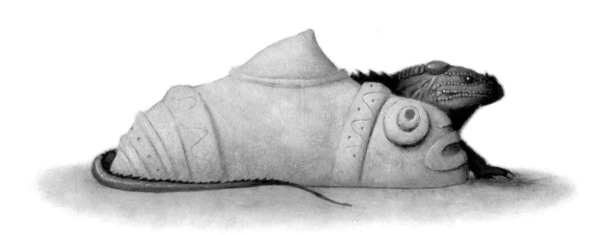

ESCRITO POR

JANE YOLEN

ILUSTRADO POR

DAVID SHANNON

TRADUCIDO POR

ALMA FLOR ADA

LIBROS VIAJEROS

HARCOURT BRACE & COMPANY

SAN DIEGO   NEW YORK   LONDON

Text copyright © 1992 by Jane Yolen

Illustrations copyright © 1992 by David Shannon

Spanish translation copyright © 1996 by Harcourt Brace & Company

All rights reserved. No part of this publication may be reproduced or transmitted
in any form or by any means, electronic or mechanical, including photocopy,
recording, or any information storage and retrieval system, without permission
in writing from the publisher.

Requests for permission to make copies of any part of the work should be mailed to:
Permissions Department, Harcourt Brace & Company, 6277 Sea Harbor Drive,
Orlando, Florida 32887-6777.

This is a translation of *Encounter*.

Libros Viajeros is a registered trademark of Harcourt Brace & Company.

First Libros Viajeros edition 1996

Library of Congress Cataloging-in-Publication Data
Yolen, Jane.
[Encounter. Spanish]
Encuentro/escrito por Jane Yolen; ilustrado por David Shannon;
traducido por Alma Flor Ada. — 1st Libros viajeros ed.
p.   cm.
"Libros viajeros."
Summary: A Taino Indian boy on the island of San Salvador recounts
the landing of Columbus and his men in 1492.
ISBN 0-15-201342-3
1. Taino Indians — Juvenile fiction.   [1. Taino Indians — Fiction.
2. Indians of the West Indies — Fiction.   3. Columbus, Christopher —
Fiction.   4. Spanish language materials.]   I. Shannon, David,
1959–   ill.   II. Ada, Alma Flor.   III. Title.
[PZ73.Y6   1996]
[Fic] — dc20   95-47123

A C E F D B

Printed in Singapore

The paintings in this book were done in acrylic.
The text type was set in Cloister by Thompson Type, San Diego, California.
Color separations were made by Bright Arts, Ltd., Singapore.
Printed and bound by Tien Wah Press, Singapore
This book was printed with soya-based inks on Leykam recycled paper,
which contains more than 20 percent postconsumer waste and has a total
recycled content of at least 50 percent.
Production supervision by Warren Wallerstein and Pascha Gerlinger
Designed by Lisa Peters

A Marilyn
por veintisiete años
— *J. Y.*

A mi esposa Heidi
y a la memoria de John Nissen
— *D. S.*

La luna ya había llegado a lo alto del cielo, y nuestra hoguera estaba casi apagada. Un chasquido estruendoso de tormenta me despertó de mi sueño.

Todos los sueños no son verdaderos sueños, dice mi madre. Pero en mi sueño aquella noche, tres pájaros de gigantescas alas con voces como truenos, se deslizaron sobre olas salvajes en nuestra bahía. No eran como ningún pájaro que hubiera visto antes, porque en sus picos había dientes puntiagudos y blancos.

Salté de mi hamaca y caminé hasta la playa. Y allí estaban otra vez los pájaros de mi sueño. Sólo que esta vez eran de verdad; tres canoas con enormes velas flotaban en la bahía. Las estuve observando toda la noche.

Cuando salió el sol, cada canoa grande dio a luz a muchas canoas pequeñas que nadaban torpemente hacia nuestra orilla.

Corrí y encontré a nuestro jefe todavía dormido en su hamaca.

—No les dé la bienvenida —le supliqué—. Mi sueño es una advertencia.

Pero es nuestra costumbre el dar la bienvenida a los extranjeros, darles la hoja de tabaco, festejarlos con una olla de pimientos, intercambiar regalos.

—No eres más que un niño —me dijo nuestro jefe—. Todos los niños tienen malos sueños.

Las canoas pequeñas escupieron muchas criaturas extrañas,
hombres que no eran hombres. No los reconocimos como seres
humanos porque ocultaban sus cuerpos bajo colores, como los loros.
También llevaban ocultos los pies.

Y muchos de ellos tenían en la barbilla cabello que les crecía como matorrales. Tres de ellos se arrodillaron delante de su jefe y clavaron palos en la arena.

Eso me aterró más aún.

Nuestros jóvenes abandonaron la protección de los árboles. Yo, que aún no era un hombre, los seguí llorando:

—No les den la bienvenida. No los llamen amigos.

Nadie me escuchó, ya que yo no era sino un niño.

Nuestro jefe dijo:

—Debemos comprobar si son realmente hombres. Así que tomé a uno por la mano y lo pellizqué. Sentí su mano como carne y sangre verdaderas, pero la piel era como la luna para mi sol.

El extranjero hizo un ruido extraño con la boca, no como si hablara, sino como el ladrido de un perro amarillo.

Nuestro jefe nos dijo:

—Vean qué pálidos son. Nadie que proceda de la tierra puede tener ese color. No hay duda que vienen del cielo.

Entonces dio un salto hacia ellos y levantó las manos apuntando hacia el cielo, mostrándoles que comprendía desde cuán lejos venían volando.

—Quizás tengan rabo —dijo mi hermano mayor—. Quizás no tengan pies.

Nuestros jóvenes sonrieron, pero ocultándose tras las manos para que los invitados no se molestaran. Luego se dieron la vuelta para mostrarles que ellos no tenían rabo.

Nuestro jefe les dio a los extranjeros bolas de hilo de algodón para atarlos a nosotros en amistad. Les dio lanzas para que pudieran pescar y no pasaran hambre. Les dio bolas de resina de caucho para que jugaran. Les dio loros también. Nuestros jóvenes volvieron a reírse tras las manos, sabiendo que nuestro jefe bromeaba porque los extranjeros parecían loros.

Pero los extranjeros se comportaron casi como si fueran seres humanos, ya que ellos también se rieron, y a cambio, nos dieron bolitas muy lisas del color de la arena, y del mar y del sol, sujetas por un hilo. Y nos dieron conchas vacías con lenguas que cantaban *chunga, chunga*. Y nos dieron tejidos que se adaptaban a la cabeza de un hombre y que podían cubrir las orejas de un niño.

Por un rato olvidé mi sueño.

Por un rato no tuve miedo.

Y así pues, encendimos un gran fuego para el festín, y preparamos
la olla con pimientos y los boniatos y el casabe y pescado fresco.
Porque aunque los extranjeros no fueran completamente seres
humanos, los trataríamos como tales.

Nuestro jefe enrolló hojas de tabaco y les enseñó a fumar, pero tosían y resoplaban y evidentemente no conocían estas cosas sencillas.

Entonces me acerqué para ver dentro de los ojos de su jefe. Eran azules y grises como las variaciones del mar.

De repente recordé mi sueño y miré de frente, uno a uno, a cada uno de los extranjeros. Incluso los que tenían ojos oscuros como los humanos apartaban la vista, como los perros antes de espantárseles de junto al fuego.

Así que me separé de la fiesta, que no es lo que uno debe hacer, y noté que los extranjeros del cielo tocaban nuestros anillos de oro para la nariz y nuestros brazaletes de oro, pero no la piel en nuestra cara, o en nuestros brazos. Vi sonreír a su jefe. Era la sonrisa de la serpiente, sin labios y todo dientes.

Salté llorando:

—No les den la bienvenida.

Pero la bienvenida ya estaba dada.

Regresé corriendo bajo los árboles, al lugar donde estaba mi cemí. Le ofrecí pedacitos de yuca y pescado y boniato de la fiesta. Luego recé.

—Haz que los extranjeros pálidos del cielo se marchen de aquí.

Mi cemí me devolvió la mirada con aquellos ojos de madera, bien abiertos, que no pestañeaban. Le di las bolas lisas que un extranjero había dejado caer en mi mano.

—Toma estos ojos y mira en el corazón de los extranjeros del cielo. Si fuera necesario, haz que algo me ocurra para mostrar a nuestra gente lo que deberían saber.

Mi cemí estaba callado. Sólo hablaba en sueños. En realidad, ya me había hablado.

Cuando regresé a la fiesta uno de los extranjeros me dejó tocar su afilado palo de plata. Para mostrar que no tenía miedo lo sujeté fuertemente, como uno sujetaría una lanza. Me mordió con tanta fuerza que lloró sangre de la palma de mi mano. Sin embargo, nadie comprendió; nadie oyó.

No oyeron porque no querían escuchar. Ellos deseaban todo lo que los extranjeros habían traído: la lanza afilada de plata; charcos redondos que se sujetaban en la mano y que le devolvían al hombre su cara; dardos que salían de un palo con el ruido de un trueno y que podían matar un loro a muchos pasos de distancia.

Pero no nos dieron nada de eso: sólo conchas que cantaban y pequeñas bolitas ensarzadas en un hilo. Nos daban golpecitos en la cabeza como un niño hace con un perro amarillo. Nos sonreían desde su multitud de dientes blancos, la sonrisa de la serpiente.

Al día siguiente los extranjeros regresaron a sus enormes canoas.
Se llevaron a cinco de nuestros hombres y muchos loros. También me
llevaron a mí.

Supe entonces que era una señal de mi cemí, una señal para mi
gente. Así que fui fuerte y no lloré. Pero tenía miedo.

Aquella noche, mientras mi gente dormía en la costa, las gigantes canoas con velas abandonaron nuestra bahía; yéndose más y más lejos que lo que nuestros hombres más fuertes pudieran ir. Pronto la playa y los árboles y todo lo que conocía desaparecieron, hasta que mi mundo era sólo una delgada y oscura línea estirada entre el mar y el cielo.

¿Qué otra cosa podía hacer?

Al amanecer, otra tierra apareció lo suficientemente cerca, como para verla. Sigilosamente me dejé caer desde uno de los lados de la gran canoa. Y me hundí más y más y más en las aguas frías. Luego nadé hacia aquella costa extraña.

Caminé muchos días siguiendo al sol. Muchas noches nadé. Y muchas veces se llenó el cielo con la luna y las estrellas.

Y a lo largo del camino le fui contando a la gente cómo había navegado en una canoa muy grande. Les hablé de los extranjeros pálidos del cielo. Les dije que nuestra sangre lloraría en la arena. Les conté sobre mi sueño de los dientes blancos.

Pero ni siquiera quienes vieron las grandes canoas me oyeron. Porque yo era un niño.

Y así perdimos nuestras tierras a manos de los extranjeros del cielo. Dimos nuestras almas a sus dioses. Tomamos su idioma en nuestras bocas, olvidando el nuestro. Nuestros hijos e hijas fueron sus hijos e hijas, ya nunca más realmente humanos, ya nunca más nuestros.

Y ésa es la razón por la cual yo, ahora ya un hombre viejo, no sueño más sueños. Es por lo que me siento aquí, envuelto en la capa de un extraño, contando los cascabeles atados a una cuerda de un extraño, narrando mi historia. Que sea un aviso para todos los niños y todas las gentes en cualquier suelo.

NOTA DE LA AUTORA

Cuando Cristóbal Colón llegó a las costas de San Salvador, su primer encuentro con el Nuevo Mundo, el 12 de octubre de 1492, reclamó la maravillosa isla verde para sus reyes y su país. Sin embargo no era una isla desierta sobre la que plantó la bandera de España. Los taínos vivían allí y llamaban a la isla Guanahaní por las muchas iguanas que allí había. Los taínos eran gente amable que llevaban anillos de oro en la nariz y brazaletes de oro, que a veces se pintaban el cuerpo y la cara y siempre daban la bienvenida a los extranjeros con un banquete.

Colón les dio el nombre de "indios" confundiendo aquel lugar con la India. En su diario escribió que eran "fornidos, con buenas formas y caras; pelo corto y duro como el de la cola de un caballo, peinado hacia la frente, excepto una pequeña porción que padecían porque les colgara en la parte posterior . . ."

Los taínos dieron a los marinos en señal de amistad bolas de hilo de algodón, dardos para pescar y loros. A cambio, los marinos les dieron cuentas de cristal de Venecia, pequeños cascabeles de bronce y gorros rojos.

Haciendo uso de señas les preguntaron a los nativos de dónde procedían los anillos y brazaletes de oro. Lo que más les interesaba era el oro.

Colón se llevó a España como esclavos a diez jóvenes taínos, hombres y mujeres (o seis, de acuerdo con otras fuentes) de las diversas islas que visitaron. Años más tarde, cuando las islas fueron colonizadas por los españoles, las religiones nativas, las lenguas y las formas de vida cambiaron para siempre. Aunque había originalmente alrededor de unos 300.000 indígenas en las islas, en 1548, un poco más de cincuenta años más tarde, quedaban menos de 500. Hoy no queda nadie de pura sangre taína.

Ya que la mayoría de las historias sobre aquel primer encuentro están contadas desde el punto de vista de Cristóbal Colón, pensé que a los lectores les interesaría oír el punto de vista de un muchacho taíno. Como no tenemos ninguna fuente original con ese punto de vista he recreado lo que él pudiera haber dicho, usando datos históricos y la imaginación de la narradora de cuentos.

NOTA DEL ILUSTRADOR

Crear las ilustraciones para este libro supuso enfrentarse a muchos retos, ya que se sabe muy poco de la cultura taína. Parece ser que muchos de sus artefactos fueron fundidos o destruidos; los que quedan, están hechos de piedra. No se han resuelto muchos misterios, tales como el significado de la escultura de piedra esculpida en forma de aleta de la página 1. Por lo que sabemos, los indígenas no llevaban ropa alguna y tuve que enfrentarme a cómo ilustrarlos sin ofender a aquellos que se oponen al nudismo en libros para niños. Elegí cubrirlos con un trapo para ser lo más preciso posible sin interferir con la historia.